I0407086

La psychologie
du leadership

27 traits de leadership qui font de vous un
grand leader

SavyMan

Avis de non-responsabilité

Le contenu de ce livre concerne la psychologie du leadership, qui est généralement reconnue et suivie dans le monde entier. Une chose à savoir est que chaque leader a son propre style de leadership, qui peut ou non être aimé, copié ou suivi par d'autres leaders. Les variations culturelles peuvent influencer la façon dont les gens perçoivent le leadership. Les leaders doivent avoir une vision plus large, ce qui nécessite certains traits qui les aident à faire des choix judicieux afin de mener leur spectacle. Cet auteur et/ou le(s) titulaire(s) des droits ne font aucune réclamation, promesse ou garantie quant à l'exactitude, l'exhaustivité ou l'adéquation du contenu de ce livre, et décline expressément toute responsabilité pour les erreurs et omissions dans le contenu. Choisir le bon style de leadership est un art ou une compétence qu'il faut identifier et développer au fil du temps Cela vous aide à renforcer votre lien avec votre équipe, et cela apporte également de la positivité autour de vous, mais ne remplace pas l'opinion d'un expert sur ce sujet. Aucune garantie d'aucune sorte n'est déclarée ou implicite. En lisant ce livre, le lecteur accepte qu'en aucun cas l'auteur ne soit responsable des pertes, directes ou indirectes, subies du fait de l'utilisation des informations contenues dans ce livre, y compris, mais sans s'y limiter, les inexactitudes ou les fautes de frappe.

Crédit de couverture

Je suis sincèrement reconnaissant à Marmie S. pour sa vision créative dans la conception des couvertures magnifiques et accrocheuses pour tous mes livres.

Instagram ID: mi29creations

Avis de copyright

Table des matières

CHAPITRE 1

Introduction

Toute personne, équipe ou groupe ayant un impact doit être capable de diriger. Pendant de nombreuses années, les chercheurs ont examiné la psychologie des leaders afin de découvrir les caractéristiques qui en font des leaders efficaces. Le leadership est un sujet qui a longtemps été étudié et débattu. Dans ce livre, nous examinerons les bases du leadership, telles que les caractéristiques des leaders efficaces et leur façon de penser. Nous parlerons également des différents styles de leadership et de la manière dont ils peuvent être utilisés pour aider des équipes et des organisations à atteindre leurs objectifs. Mais que signifie exactement être un leader ? Quelles sont les caractéristiques des leaders efficaces ?

Comment réfléchissent les dirigeants? Ce sont toutes des questions essentielles à méditer lors de l'étude de la psychologie du leadership. Ce livre fournira une introduction au leadership, aux qualités et à l'état d'esprit des leaders efficaces, ainsi qu'à la manière dont ils délibèrent et font des choix.

Le leadership est un élément essentiel de toute entreprise efficace. Pour gérer une équipe avec succès, vous devez posséder un ensemble spécifique de qualités et de capacités, ainsi qu'une connaissance de la psychologie du leader. Nous examinerons également les caractéristiques importantes du leadership et étudierons la psychologie des leaderships, y compris pourquoi ils font certains choix et ce qui les rend efficaces. Le leadership est une notion diverse et complexe. Cela implique d'être capable d'encourager et d'inspirer les autres, de faire des choix difficiles et de se fixer un objectif de réussite. La psychologie du leadership est un sujet passionnant car elle plonge dans les pensées, les motivations et les comportements de ceux qui occupent des postes à responsabilité. Nous discuterons des principes fondamentaux du leadership et des caractéristiques des leaders qui réussissent. Grâce à ces informations, vous comprendrez mieux comment les leaders pensent et agissent, ainsi que comment devenir vous-même un leader efficace. De même, les lecteurs peuvent avoir un aperçu de la façon de devenir un leader performant dans leurs domaines respectifs en connaissant la psychologie du leadership.

Le leadership est un talent précieux auquel de nombreuses personnes aspirent dans leur vie. Les leaders aident à diriger et à motiver les autres à atteindre leurs objectifs, que ce soit au travail, à la maison ou dans la communauté. Nous pouvons mieux comprendre les traits et les processus de pensée nécessaires pour devenir un leader efficace en étudiant la psychologie du leadership. Le leadership est une composante nécessaire de la réussite dans de nombreux domaines, y compris les affaires, la politique et les sports. Comprendre la psychologie du leadership commence par comprendre ce qui constitue un leader et les traits qu'il possède.

N'oubliez pas que le leadership est défini comme la capacité d'encourager et d'inspirer les autres à travailler vers un objectif partagé ou commun. C'est la capacité de gérer une situation et d'orienter les individus vers le bon chemin. Le leadership est également la capacité d'influencer les autres afin d'atteindre des objectifs et d'accomplir des tâches. Il comprend des traits comme la décision, l'ambition, la bravoure, l'honnêteté et l'empathie. Le leadership nécessite une connaissance de la façon dont les dirigeants pensent et se comportent ; cela nécessite une compréhension de la psychologie du leader. Certains leaders naissent avec certains traits de leadership, tandis que d'autres apprennent à diriger au fil du temps. Le style de leadership qui fonctionne le mieux dépend de l'individu et de la situation.

Permettez-moi de vous poser cette question : êtes-vous vraiment un leader ? Examinez vos propres traits principaux. Possédez-vous le désir, le courage et l'empathie nécessaires pour guider les autres ? Êtes-vous conscient et capable de prendre des décisions difficiles ? Êtes-vous capable de penser et d'agir en bon chef dans n'importe quelle situation ? Possédez-vous les qualités de leadership requises pour être un bon leader ?

Demandez-vous si vous avez le courage de défendre ce en quoi vous croyez et si vous êtes prêt à déployer les efforts nécessaires pour assurer le succès de votre équipe. Vous souciez-vous des membres de votre équipe et pouvez-vous les motiver à faire de leur mieux dans n'importe quelle situation ? Si vous avez répondu oui à toutes ces questions, vous êtes peut-être un bon patron, peu importe ce que pensent les autres. Oui, j'ai bien dit, vous êtes un vrai leader. Il est facile de devenir un suiveur, mais il est difficile de prendre ses responsabilités et de diriger. La capacité de guider, de motiver et de diriger les autres est appelée leadership. Il s'agit d'élaborer une stratégie, de fixer des objectifs, de guider et d'orienter ceux qui vous suivent. Le leadership est un talent qui peut être affiné et amélioré avec la pratique. Des traits de leadership tels que l'intégrité, la bravoure, la résilience, l'empathie et la capacité à motiver les autres sont nécessaires pour être un leader efficace.

Parlons également des types de leadership, il existe plusieurs types de leadership: le leadership transformationnel qui vise à encourager et à donner aux travailleurs les moyens d'atteindre leur meilleur potentiel, le leadership transactionnel qui concerne les pratiques de gestion qui récompensent le succès et le leadership situationnel, qui comprend l'adaptation de son style de leadership au travail ou à la personne sous gestion. Le leadership démocratique, autoritaire, innovant, charismatique et serviteur sont d'autres styles de leadership.

Si vous commencez à observer les leaders, vous remarquerez qu'ils pensent et agissent de manière stratégique. Oui, les dirigeants planifient stratégiquement et agissent avec audace. Ils sont prêts à prendre des risques et à faire des choix difficiles au besoin. Ils voient clairement l'avenir et poussent également les autres à lui faire confiance. Ils savent écouter les besoins de leur équipe et fournir une assistance si nécessaire. Ils sont aptes à déléguer avec succès des tâches et comprennent l'importance de la collaboration. Enfin, les dirigeants comprennent comment se connecter avec les membres de leur équipe et favoriser une atmosphère de confiance et de respect. Les attributs de leadership peuvent prendre de nombreuses formes et varier d'une personne à l'autre, mais les leaders les plus efficaces partagent quelques caractéristiques communes. Ils considèrent et agissent de manière à promouvoir la croissance et le développement de leur équipe ainsi que de l'entreprise dans son ensemble. Les dirigeants ont confiance en leurs choix et travaillent dur pour favoriser un environnement dans lequel chacun peut s'épanouir. Ils ont généralement une vision et un objectif clairs pour l'entreprise, qu'ils transmettent efficacement à l'équipe et inspirent à l'action. Les dirigeants peuvent également repérer d'éventuels problèmes ou défis et concevoir rapidement des solutions car connaissent les ressources qui leur sont accessibles et les utilisent à leur avantage.

Les leaders sont également habiles pour identifier les atouts et les défauts particuliers des membres de leur équipe. Ils savent comment faire ressortir le meilleur de chaque membre de l'équipe, que ce soit par la responsabilité ou l'encouragement. Les grands leaders donnent non seulement l'exemple à leur équipe, mais prennent également le temps de comprendre les forces et les faiblesses des membres de leur équipe, afin qu'ils soient mieux équipés pour les aider à atteindre leurs objectifs. Les leaders favorisent la collaboration et la confiance au sein de l'équipe, ce qui conduit à accroître la productivité et la créativité. Enfin, les traits de leadership distinguent les leaders des autres travailleurs. Ils considèrent et agissent avec intention, s'efforcent d'atteindre leurs objectifs et inspirent ceux qui les entourent à en faire de même et à perpétuer l'héritage. Vous pensez peut-être que le leadership est un sujet complexe ? Sachez qu'il peut être développé au fil du temps. Les dirigeants efficaces doivent avoir une vision solide de l'avenir et une volonté de prendre des risques pour y parvenir. Les dirigeants doivent également réfléchir à la manière dont leurs actions affectent ceux qui les entourent. Ils doivent être capables de communiquer leurs idées d'une manière qui résonne avec les personnes sous leur egide. Ils doivent utiliser un langage facile à comprendre et souligner pourquoi l'objectif est important pour l'équipe. De plus, les grands leaders font preuve de compassion et de compréhension lorsqu'ils font face à des situations ou à des décisions difficiles.

Eh bien, la façon dont les leaders pensent et agissent peut également être utilisée comme indicateur de leur efficacité en tant que leader. N'oubliez pas que les dirigeants qui sont ouverts aux nouvelles idées, aux solutions créatives et aux commentaires des membres de l'équipe réussissent très souvent à atteindre les résultats souhaités. De plus, les leaders qui réussissent sont capables d'évaluer les facteurs de risque et de prendre des décisions fondées sur des preuves plutôt que sur des émotions. Enfin, les leaders forts assument la responsabilité de leurs décisions et de leurs actions et agissent avec intégrité en tout temps. En cultivant de telles qualités, vous pourreez devenir un leader efficace et influencer positivement ceux qui vous entourent. Les dirigeants doivent s'efforcer de favoriser des environnements inclusifs et respectueux, tout en encourageant la croissance et le progrès. De plus, un leader doit être empathique, être à l'écoute de son équipe et réagir en conséquence. Enfin, un bon leader doit s'efforcer de créer une culture où les erreurs sont considérées comme des opportunités d'apprentissage et où les employés se sentent à l'aise de s'exprimer et de partager leurs opinions.

Pour ce faire, essayez de vous entourer de personnes inspirantes et observez comment elles pensent et agissent. Cela vous donnera un aperçu de la façon dont les leaders qui réussissent abordent différentes tâches et situations. De plus, entraînez-vous à être conscient de la façon dont vous pensez et agissez en réponse aux défis et aux conflits. Apprendre à gérer ces moments de manière appropriée est essentiel pour développer de solides qualités de leadership. Comprendre le mode de pensées des leaders vous permettra d'adopter une approche éclairée lors de la direction d'une équipe, ce qui conduira finalement à des résultats plus fructueux. En outre, en comprenant comment les autres leaders abordent certaines tâches, cela vous aidera à guider votre propre processus de réflexion, ce qui vous rendra plus apte à naviguer dans différentes situations. Enfin, gardez à l'esprit qu'être un grand leader demande de la patience et du dévouement. Vous pouvez trébucher en cours de route, mais avoir le bon état d'esprit vous rapprochera du leader que vous aspirez à être.

CHAPITRE 2

Pensez comme un lion

Vous êtes-vous déjà demandé ce que ça ferait de penser comme un lion ? Il s'avère que nous pouvons apprendre beaucoup de la psychologie des lions. Les lions font partie des créatures les plus majestueuses de la nature et leur psychologie fascine depuis longtemps les humains. En étudiant la psychologie des lions, nous pouvons apprendre de précieuses leçons qui pourront nous aider à devenir de meilleurs gestionnaires et leaders. Les lions sont de féroces prédateurs et de puissants chefs de meute, mais ils ont aussi une façon unique de penser et de se comporter qui peut nous apprendre de précieuses leçons sur la façon de diriger nos propres équipes. Explorons la psychologie du lion et comment s'en servir dans nos propres styles de gestion. Nous explorerons également ce que la psychologie du lion peut nous apprendre sur la façon de penser comme un lion et d'utiliser sa sagesse à notre avantage sur le lieu de travail. Nous discuterons de la manière dont la psychologie du lion peut nous aider à devenir plus confiants, courageux et efficaces dans nos rôles de gestion et de leadership. En d'autres termes, en comprenant la psychologie des lions, nous pouvons mieux comprendre comment diriger, motiver et responsabiliser nos équipes.

Nous pouvons tous apprendre beaucoup de la psychologie des lions. Le lion est un symbole puissant de force et de courage, et il n'est pas surprenant que sa psychologie soit devenue populaire dans le monde des affaires et du leadership. Les Lions sont des leaders nés, toujours prêts à prendre en charge n'importe quelle situation et régner dans leur domaine. Ils ne reculent jamais devant un défi et ne montrent aucun signe de peur. En tant qu'êtres humains, nous pouvons en apprendre beaucoup de la psychologie des lions. Il est important de se rappeler que vous ne devriez jamais avoir peur lorsque vous dirigez une équipe ou prenez des décisions. Pensez comme un lion et ayez confiance en vous et en vos capacités. Si vous voulez être un bon leader, vous devez apprendre à diriger comme un lion, à être courageux, à être décisif et à faire confiance à votre instinct. Un lion n'hésite généralement pas lorsqu'il s'agit de prendre des décisions, et vous non plus en tant que leader. Lorsqu'il s'agit de gérer des personnes, la psychologie du lion nous enseigne qu'il est important d'avoir un sentiment de contrôle sur votre équipe. Tout comme un lion mène sa meute, vous devez prendre les choses en main et définir des attentes claires pour votre équipe. Vous devez également savoir comment déléguer les tâches de manière appropriée et récompenser les bonnes performances.

La psychologie des lions nous enseigne également l'importance de fixer des limites. Tout comme un lion ne tolérera aucun manque de respect de la part des membres de sa meute, il est important que les dirigeants montrent qu'ils n'accepteront rien de moins qu'une excellente performance de leur équipe. Cela signifie être ferme mais juste face à tout problème qui survient. N'ayez pas peur de prendre les choses en main et de penser comme un lion - soyez sans peur, soyez confiant et faites confiance à votre instinct. Apprenez à diriger comme un lion et vous pourrez réaliser de grandes choses ! Soyez courageux et plongez tête première dans de nouvelles opportunités. Même si vous échouez, reprenez-vous et réessayez jusqu'à ce que vous réussissiez. Penser comme un lion vous aidera à prendre des décisions rapidement et de manière décisive, ainsi qu'à résoudre des problèmes rapidement et avec succès.

Apprendre la psychologie des lions vous aidera à établir votre autorité sans paraître trop agressif ou autoritaire. Soyez sans peur et croyez en vous-même, car lorsque vous le ferez, vous inciterez les autres autour de vous à faire de même. Ayez confiance en votre capacité à passer des appels difficiles et à les suivre, car cela garantira la confiance de ceux qui vous entourent en votre capacité à les diriger avec succès. Les Lions sont connus pour leur détermination inébranlable et leur engagement envers leurs objectifs. Ils possèdent également un sens aigüe de l'intuition et de la compréhension des situations, qu'ils utilisent à leur avantage lors de la planification de stratégies et de la prise de décisions. Les lions sont des animaux fiers, souvent vus la tête haute et rugissant bruyamment. Ce comportement peut être imité dans nos vies en croyant en nous-mêmes et en n'ayant pas peur de prendre des risques au de besoin. La responsabilité est un autre élément important qui ne peut être ignoré. Un lion ne renvoie pas le blâme ou ne rejette pas la responsabilité sur les autres pour leurs échecs ou leurs erreurs. Ils assument la responsabilité de leurs propres actions et veillent à ce que toutes les personnes impliquées en fassent de même. Cela peut être appliqué dans nos vies personnelles et professionnelles en reconnaissant et en assumant toujours nos erreurs et la responsabilité de nos actes.

En comprenant et en incorporant la psychologie du lion dans nos vies, nous pouvons devenir de meilleurs leaders et managers. En étant confiant, en prenant ses responsabilités et en apprenant à diriger et à gouverner, nous pouvons imiter les qualités du lion et miroiter son système de pensées. Les Lions doivent toujours s'assurer qu'ils maintiennent leur domination sur le troupeau, et c'est quelque chose que nous pouvons appliquer à nos propres rôles de leadership.

Nous pouvons également apprendre de la façon dont les lions montrent leur puissance et leur force. Les lions affichent souvent leur domination en rugissant et en montrant leurs dents, rappelant à ceux qui les entourent qui est aux commandes. Dans nos propres vies, il est important de se rappeler qu'il est possible de prendre le contrôle de notre destin sans être agressif ou intimidant.

Enfin, les lions nous enseignent l'importance d'assumer la responsabilité de nos décisions. En tant que chef d'une troupe, un lion est responsable de la sécurité et du bien-être du groupe. Le même principe s'applique à nos propres vies – nous devons nous efforcer de nous approprier nos choix et être prêts à accepter les conséquences de ces décisions. En apprenant à penser comme un lion, nous pouvons devenir plus confiants, prendre le contrôle de nos décisions et créer un avenir meilleur pour nous-mêmes.

CHAPITRE 3

Leaders vs suiveurs

Lorsque l'on regarde le monde du leadership, il est important de comprendre la différence entre un leader et un suiveur. À première vue, il peut sembler que les deux sont de pôles opposés ; cependant, de nombreuses personnes possèdent les qualités des deux. La principale différence est la façon dont les leaders pensent et agissent par rapport aux suiveurs. Les dirigeants prennent des initiatives et ont un sens aigu des responsabilités et de l'imputabilité. Ils ont de solides qualités de leadership telles que la confiance en soi, la résilience et l'affirmation de soi, qui sont toutes essentielles pour guider et influencer les autres. Un leader est généralement chargé de prendre des décisions, de déléguer des tâches et de travailler à la réalisation d'un objectif. Les dirigeants sont également capables de penser de manière critique et de planifier de manière stratégique afin de réussir.

De l'autre côté, les suiveurs sont plus susceptibles d'accepter la direction d'un leader sans poser de questions ni se plaindre. Ils ont souvent une attitude ouverte d'esprit, ce qui leur permet de s'adapter à différentes situations et scénarios. Les abonnés ont souvent de solides capacités de communication et d'écoute, ce qui leur permet d'exprimer efficacement leur opinion et de collaborer avec les autres membres de l'équipe. De plus, les suiveurs sont généralement plus soucieux des détails, ce qui est utile pour assurer le succès global de l'équipe.

Je me souviens d'avoir dirigé un projet dans mon collège où je devais concevoir un site Web adapté aux mobiles avec une excellente interface utilisateur pour un client. J'étais responsable de la délégation des tâches, de la conduite des réunions et de la gestion de son avancement global. Je devais m'assurer que tout le monde était sur la même longueur d'onde et que nous travaillions tous pour atteindre notre objectif. Pour ce faire, je devais être confiant dans mes prises de décision, rester organisé et communiquer clairement mes attentes à tous mes coéquipiers. En fin de compte, nous avons pu terminer le projet à temps et le client était très satisfait des résultats. Pourriez-vous penser à un incident lorsque vous dirigez quelqu'un ?

Permettez-moi également de partager avec vous cette petite anecdote.Je me souviens d'avoir suivi mon patron au travail lors de mon premier jour de travail tandis qu'elle m'expliquait les processus et les procédures du bureau. J'étais nouveau. Il était donc utile d'observer ses mouvements et de voir comment elle interagissait avec différentes personnes. Elle m'a montré comment gérer les demandes des clients et m'a expliqué en détail les politiques de l'entreprise que j'ai notées. Je me souviens encore comme si c'était hier. Cela m'a donné un aperçu spécifique de la façon dont elle pensait et agissait en tant que leader, et j'ai pu gagner depuis lors beaucoup à suivre son exemple. En la regardant naviguer dans l'environnement de bureau, j'ai commencé à reconnaître certaines des principales qualités de leadership dont elle faisait preuve, comme la confiance, la fiabilité et la résolution efficace de problèmes. Cela m'a fait réaliser à quel point ces traits sont importants pour qu'un leader réussisse et ait influence sur les autres. Dès lors, je me suis efforcé de construire ces traits en moi et de les utiliser lorsque je me suis retrouvé en position de pouvoir. Suivre l'exemple de mon patron m'a beaucoup appris sur la façon dont les leaders pensent et agissent et comment ils utilisent leurs qualités pour inspirer leur entourage. Maintenant, pensez à un jour où vous avez suivi quelqu'un.

Les qualités de leadership comprennent l'esprit de décision, le courage, l'empathie et l'honnêteté. Les dirigeants doivent être confiants dans leur capacité à prendre des décisions difficiles et suffisamment courageux pour défendre ce en quoi ils croient. Ils doivent également faire preuve d'empathie et de compréhension lorsqu'ils communiquent avec les personnes sous leur égide. De plus, ils doivent toujours être honnêtes et directs dans leurs relations avec les autres. Il est clair que la façon dont les dirigeants pensent et agissent peut avoir un impact énorme sur le résultat d'une situation donnée.

Appliquée correctement, la psychologie d'un leader peut contribuer à favoriser une atmosphère de créativité, de collaboration et de camaraderie au sein d'une équipeMal appliquée, elle peut rapidement provoquer désorganisation et frustration chez leurs subalternes. Par conséquent, il est essentiel que les dirigeants perfectionnent leurs compétences afin de maximiser leur efficacité dans n'importe quel contexte.

Comprenez que lorsque les dirigeants font preuve de qualités de leadership telles que l'esprit de décision, le courage et l'honnêteté, ils donnent un exemple positif à ceux qui les suivent. De telles qualités peuvent également contribuer à stimuler le moral et la productivité d'une équipe. Pour devenir un bon leader, il est essentiel de comprendre la psychologie du leader dans divers scénarios. En évaluant leurs propres forces et faiblesses, les dirigeants peuvent développer des stratégies pour améliorer leurs capacités de communication et de prise de décision. De plus, les dirigeants doivent viser à encourager leurs partisans à utiliser leurs propres talents et perspectives uniques afin de résoudre des problèmes complexes. Enfin, en s'efforçant continuellement de s'améliorer, les dirigeants seront en mesure d'inspirer et de motiver les autres à atteindre leur plein potentiel.

Les qualités de leadership impliquent autan la façon dont un leader agitque comment il pense et façonne son environnement. Les leaders efficaces possèdent de solides compétences en matière de pensée critique et de résolution de problèmes, ce qui leur permet d'évaluer les situations, d'identifier les problèmes et de formuler des solutions. Ils doivent posséder une intelligence émotionnelle développée, qui les aide à lire et à interpréter les émotions de leurs subalternes, leur permettant d'adapter leurs réponses en conséquence. De plus, les leaders qui réussissent comprennent l'importance de déléguer et de fournir des conseils et un soutien à leurs équipes. Pour être un bon leader, il faut être conscient de la façon dont vos décisions, comportements et attitudes affecteront vos subalternes. Grâce à l'autocritique et à une réflexion profonde, les dirigeants peuvent apprendre à gérer leurs émotions, à affiner leurs compétences de communication et à optimiser leur processus de prise de décision. Avec une bonne compréhension de la psychologie du leader, ainsi que de solides qualités de leadership, n'importe qui peut devenir un leader et avoir un impact positif sur son organisation et ses employés.

Un leader doit faire preuve de fiabilité et d'honnêteté lorsqu'il traite avec ses subordonnés pour assurer la loyauté et le respect. De plus, un leader doit s'efforcer de maintenir un équilibre entre être un mentor et un ami pour ses partisans. Cela favorise de meilleures relations, motive les employés à se donner au maximum et augmente la productivité globale de l'organisation. Avec la bonne approche et la bonne mentalité, n'importe qui peut devenir un leader et profiter de la multitude d'opportunités disponibles.

CHAPITRE 4

Leaders nés vs leaders développés

(formés/forgés/créés)

Vous conviendrez avec moi que le débat sur la naissance ou la formation des dirigeants fait rage depuis des siècles. Certains pensent que le leadership est inné et ne peut être enseigné, tandis que d'autres soutiennent qu'il peut être développé par la formation et l'expérience. La vérité se situe probablement quelque part au milieu.

La plupart des experts conviennent que certains traits sont nécessaires pour un leadership efficace, tels que, mais sans s'y limiter : le charisme, l'intelligence, de solides compétences en matière de prise de décision, la responsabilité, l'art de la délégation, une vision plus large, la persévérance, l'orientation vers les objectifs et une excellente communication. Alors que certaines personnes peuvent naturellement posséder ces qualités, d'autres peuvent devoir les forger avec de la pratique et de l'expérience. Il est possible qu'une personne ne possède aucune de ces qualités et devienne quand même un leader prospère grâce au travail acharné et du dévouement.

Croyez-moi, les qualités de leadership peuvent être développées, mais certaines personnes peuvent avoir plus de facilité que d'autres. Ceux qui sont naturellement doués de charisme et de bonnes compétences en communication peuvent trouver plus facile de diriger une équipe ou de prendre des décisions rapidement. Ceux qui n'ont pas ces qualités devront faire plus d'efforts.

La façon dont les dirigeants pensent et agissent peut également différer en fonction de leur personnalité individuelle. Certains dirigeants préfèrent utiliser une approche plus analytique lors de la prise de décisions, tandis que d'autres peuvent adopter une approche plus créative. Les dirigeants doivent également savoir comment motiver leur équipe et créer un environnement inspirant. Selon leur style personnel, certains dirigeants peuvent choisir d'utiliser une approche plus collaborative tandis que d'autres préfèrent déléguer et prendre les décisions par eux-mêmes.

En fin de compte, il est important de se rappeler que chaque individu a le potentiel de devenir un leader s'il est prêt à travailler pour développer ses compétences et ses qualités. Que les leaders soient nés ou non dépend en fin de compte de la capacité et du désir de chacun.

Il ne fait aucun doute que les compétences en leadership peuvent être enseignées. Lorsque vous regardez des leaders qui réussissent dans n'importe quel domaine, il est facile de voir qu'ils ont été formés pour apprendre à diriger. Même si vous avez vos propres idées, il faut de la pratique et de l'expérience pour devenir un leader fort. Un manque de compétences en leadership n'est pas quelque chose qui doit vous retenir non plus ; il existe des cours disponibles pour tous ceux qui le souhaitent, de la formation en classe aux livres de gestion et aux programmes d'apprentissage en ligne autoguidés. Ne vous inquiétez pas de ne pas être né avec. Vous pouvez apprendre tout ce qui vous passe par la tête, même des compétences en leadership !

CHAPITRE 5

Développez des habitudes qui activent vos compétences en leadership

Cherchez-vous à faire passer vos compétences en leadership au niveau supérieur ? Êtes-vous prêt à avoir un impact sur votre organisation ? Construire de nouvelles habitudes est un excellent moyen d'augmenter vos capacités de leadership. Les habitudes peuvent vous aider à devenir mieux organisé, équipé pour gérer des situations difficiles et plus apte à diriger avec confiance. Nous discuterons de l'importance de développer ces habitudes et vous donnerons des conseils pour y parvenir avec succès. Construire des habitudes solides est un élément essentiel du développement de compétences efficaces de leadership.

Nous discuterons également de la façon de développer des habitudes qui vous aideront à devenir de meilleurs leaders et à créer un changement durable dans vos organisations. Il est essentiel de développer les bonnes habitudes pour libérer votre potentiel et faire passer votre leadership au niveau supérieur. Nous explorerons différentes stratégies pour créer et maintenir des habitudes, ainsi que la façon de les utiliser pour vous responsabiliser et donner de vous aux autres. Lisez la suite pour en savoir plus sur la façon de créer des habitudes qui vous aideront à faire passer votre leadership au top.

Avant de commencer à créer de nouvelles habitudes qui activeront vos compétences en leadership, vous devez déterminer ce que vous voulez changer. Réfléchissez aux domaines de votre vie ou de votre personnalité que vous aimeriez améliorer ou développer. Considérez quelles qualités sont importantes pour un leader et comment vous pouvez les cultiver. Par exemple, si vous voulez être un meilleur auditeur, demandez-vous comment vous pouvez développer de meilleures capacités d'écoute. Vous pouvez également réfléchir aux habitudes que vous avez actuellement et qui ne vous aident pas à atteindre vos objectifs et envisager des moyens de les remplacer par des habitudes plus bénéfiques. Une fois que vous avez identifié les changements que vous souhaitez opérer, vous pouvez passer à la définition d'un objectif réaliste.

Lorsque vous cherchez à développer une nouvelle habitude, il est important de vous fixer un objectif réaliste. Pour ce faire, considérez les étapes suivantes :

a) Commencez "petit". N'essayez pas d'en faire trop à la fois. Si vous commencez une nouvelle routine de conditionnement physique, par exemple, ne vous lancez pas directement dans une course de 10 kilomètres alors que vous n'avez jamais couru auparavant. De même, si vous cherchez à adapter la pratique de la lecture à votre routine quotidienne, commencez par lire au moins 15 minutes par jour. Ne vous essayez pas à commencer par 3 à4 heures au début. Une fois que vous avez adapté l'habitude de lire environ 15 minutes par jour, augmentez votre temps de lecture lentement et progressivement, sinon vous ne ferez que vous décourager et vous sentir dépassé.

b) Assurez-vous que votre objectif soit **réalis**te. Votre objectif doit être réaliste. Si vous souhaitez apprendre une langue mais que vous ne disposez que de

15 minutes par jour pour y travailler, fixez-vous un objectif en conséquence. Des objectifs réalistes vous garderont motivé et vous aideront à réussir.

c) Donnez-vous un échéancier. Déterminez combien de temps il vous faudra de manière réaliste pour atteindre votre objectif, puis fixez-vous un calendrier. De cette façon, vous ne perdrez pas votre motivation ou ne serez pas trop découragé si cela prend plus de temps que prévu.

En vous fixant des objectifs réalistes, vous serez mieux préparé à les atteindre et à en récolter les fruits. Prenez le temps de réfléchir au type d'objectif qui vous conviendrait le mieux, puis préparez-vous à passer à l'étape suivante dans la construction de votre nouvelle habitude et suivez les mêmes étapes pour développer une nouvelle habitude.

CHAPITRE 6

Qualités de meneur

Un bon leadership nécessite d'avoir un caractère fort avec la volonté de s'adapter et d'apprendre. Être responsable, avoir de l'intégrité, être courageux, avoir une attitude positive, être motivé pour obtenir des résultats, être capable de penser stratégiquement sont des qualités essentielles que tout leader devrait adopter. Développer ces traits conduira à un plus grand niveau de réussite personnelle et organisationnelle. Être un bon leader implique de développer des qualités qui font de vous un personnage inspirant, respecté et capable. Cultiver un état d'esprit visionnaire et une planification stratégique, tout en écoutant activement ceux qui vous entourent, garantira des résultats fructueux. Enfin et surtout, maîtriser l'art de la délégation garantira que vos projets soient pris en charge, tout en vous libérant pour vous concentrer sur des questions plus urgentes.

Le succès de toute organisation dépend de la qualité de ses dirigeants. Les dirigeants donnent le ton à l'équipe, motivent leurs employés et orientent leurs efforts vers l'atteinte des objectifs de l'entreprise. Il est essentiel que les leaders possèdent certaines qualités pour réussir. Maintenant, nous allons examiner 27 qualités de leadership et discuter de la façon dont chacune peut vous aider dans votre cheminement vers le succès. En développant ces compétences, vous pourrez devenir un leader efficace qui sait prendre les bonnes décisions, diriger avec confiance et créer un environnement de travail agréable et productif pour que son équipe puisse prospérer.

1. Responsabilité

La responsabilité est l'une des qualités les plus importantes qu'un leader doit posséder. Les dirigeants sont responsables de leurs actes et des conséquences qui découlent de leurs décisions, qu'elles soient bonnes ou mauvaises. Les bons leaders ont la capacité d'assumer la responsabilité de leurs actions et de leurs décisions et acceptent les critiques au besoin. Ils encouragent également leur équipe à assumer la responsabilité de leurs propres actions et décisions, car cela contribue à créer une culture de responsabilité au sein de l'organisation. Les leaders qui ne sont pas tenus responsables de leurs actions constateront rapidement que leurs équipes ne leur font pas confiance et leur efficacité en tant que leader en pâtira. En vous tenant responsable, vous démontrez à votre équipe que vous êtes digne de confiance et fiable, ce qui contribuera à renforcer la loyauté et le respect. Un leader qui réussit doit être prêt à écouter et à considérer différentes perspectives, même s'il n'est pas d'accord avec elles. Les dirigeants devraient accueillir à bras ouverts les commentaires provenant de tous les niveaux de leur organisation, aussi petits ou insignifiants qu'ils puissent paraître. Non seulement cela cré une atmosphère d'ouverture et de collaboration, mais permet également aux dirigeants de prendre des décisions plus éclairées qui tiennent compte de multiples points de vue. De plus, les leaders qui réussissent doivent s'efforcer de se tenir au courant des tendances et des nouvelles de l'industrie en effectuant des recherches, en assistant à des conférences et en consultant des experts. Cela les tient au parfum des changements qui se produisent dans leur domaine et leur permet de garder une longueur d'avance sur la concurrence. Enfin, un leader qui réussit doit toujours s'efforcer de s'améliorer en se fixant des objectifs, en sortant de sa zone de confort et en apprenant de ses erreurs. Ce processus d'apprentissage continu encourage la croissance personnelle, donnant au leader de nouvelles compétences et perspectives qu'il peut appliquer pour diriger son organisation plus efficacement.

2. Intégrité

L'intégrité est un élément essentiel pour être un leader efficace. Les dirigeants doivent faire preuve d'honnêteté, de cohérence et de fiabilité dans tous les domaines de leur travail. L'intégrité implique de prendre des décisions avec intégrité, c'est-à-dire faire ce qu'il faut quelles que soient les circonstances. Cela implique également de montrer une norme morale et une éthique qui permet le respect et l'admiration de ses pairs et de ses subordonnés. Les dirigeants doivent comprendre que leurs actions auront des conséquences et ils doivent être prêts à en assumer la. Être capable d'agir avec intégrité est l'une des qualités les plus importantes qu'un leader puisse posséder.

Les dirigeants doivent comprendre que lorsqu'ils commettent une erreur, ils doivent assumer la responsabilité de ce qui en découle, plutôt que de pointer du doigt ou d'essayer de blâmer quelqu'un d'autre. Un leader qui commet des erreurs mais ne les reconnaît pas perdra rapidement le respect de son entourage. L'honnêteté et la transparence sont des éléments clés de l'intégrité ; les dirigeants doivent toujours s'efforcer d'être honnêtes dans toutes leurs interactions. Ils doivent également être ouverts aux commentaires et disposés à apporter des modifications si nécessaire. Enfin, les dirigeants doivent être cohérents dans leurs attentes et s'en tenir à leurs valeurs dans toutes les situations. Cela aidera à s'assurer qu'ils sont respectés et dignes de confiance en tant que leaders.

3. Courage

L'une des qualités essentielles pour tout leader qui réussit est le courage de prendre des risques et de repousser les limites. Les dirigeants doivent avoir le courage d'essayer de nouvelles choses, de faire face à des décisions difficiles et de prendre des décisions impopulaires en cas de besoin. Les dirigeants courageux sont conscients que prendre des risques et prendre des décisions audacieuses sont souvent nécessaires pour faire avancer leur organisation. Ils savent qu'il vaut parfois mieux prendre un risque calculé que de jouer la sécurité et de ne pas atteindre ses objectifs. Il est important de reconnaître que même si le courage est essentiel, un comportement imprudent peut être tout aussi dangereux. Les dirigeants courageux doivent avoir la discipline et la concentration nécessaires pour prendre des risques calculés dans la poursuite de leurs objectifs. Le courage est une qualité essentielle pour tout leader qui réussit, car il lui permet de faire des choix difficiles et de faire avancer son organisation.

4. Orienté résultats.

Une autre qualité clé d'un leader qui réussit est d'être axé sur les résultats. Cela signifie qu'il se concentre sur l'obtention de résultats concrets et la réalisation du travail. Les dirigeants doivent fixer des objectifs, gérer efficacement les ressources à leur disposition et en suivre les progrès afin de s'assurer que ces objectifs sont atteints. Les dirigeants doivent également être proactifs et prendre des initiatives afin d'obtenir des résultats. Cela peut impliquer d'analyser des données, de créer des plans et de suivre des étapes concrètes pour obtenir le résultat souhaité. Les leaders axés sur les résultats ont également la capacité de motiver leur équipe à atteindre des objectifs, en les incitant à aller au-delà de ce qui est attendu. Ils comprennent que chaque personne a des forces et des faiblesses différentes et s'efforcent de créer un environnement qui permet à chacun de contribuer de son mieux. En fin de compte, être axé sur les résultats nécessite qu'un leader soit organisé, possède de solides compétences en résolution de problèmes et la capacité de diriger une équipe vers le succès.

5. **Vision**

Un leader doit avoir une vision claire de l'avenir et être capable de la communiquer efficacement à son équipe. Un leader qui réussit aura la capacité d'anticiper les tendances futures et de s'adapter en conséquence. Il doit être en mesure de fournir des conseils et une orientation fiables afin d'amener l'équipe vers ses objectifs. Les leaders visionnaires doivent avoir la prévoyance d'identifier les opportunités que d'autres peuvent manquer. Ils doivent être des résolveurs de problèmeset comprendre comment en tirer parti. Un leader visionnaire aura la capacité de développer des stratégies suffisamment flexibles pour résister aux conditions changeantes et produire des résultats.

6. Audition active

L'écoute est une compétence essentielle pour tout leader. Non seulement cela permet au leader de comprendre ce que disent les autres et de prendre en compte leurs opinions et leurs idées, mais cela leur permet également d'établir une relation de confiance avec ceux qu'ils dirigent. Un bon leader doit écouter activement les membres de son équipe et chercher à comprendre leur point de vue. Cela aidera à garantir que les décisions prises sont celles qui servent au mieux l'équipe dans son ensemble. L'écoute active nécessite plus que simplement écouter son interlocuteur. Cela signifie s'engager dans la conversation, poser des questions, faire preuve d'empathie et fournir des commentaires constructifs. Le leader doit être capable de poser les bonnes questions et de s'assurer qu'il comprenne vraiment ce qui est dit par l'autre. Cela leur permettra de prendre de meilleures décisions car il aura une meilleure compréhension de la situation et des personnes impliquées.

De plus, l'écoute active exige que le leader soit patient et ouvert d'esprit lorsqu'il s'agit de différentes perspectives. Un bon leader ne devrait pas fermer une idée sans lui accorder de l'attention. Au lieu de cela, il devrait être disposé à considérer différents points de vue et à prendre des décisions en fonction de ce qui fonctionnerait le mieux pour l'ensemble de l'équipe. En étant un auditeur actif, un leader sera en mesure de développer de meilleures relations avec les membres de son équipe, d'établir la confiance et de favoriser une atmosphère de collaboration et de coopération. Cela créera ainsi un environnement où chacun se sentira valorisé et respecté, ce qui est essentiel pour un leadership réussi.

7. Planification stratégique

La capacité de penser stratégiquement est essentielle pour les dirigeants. Elle leur permet de réaliser des plans à long terme et d'anticiper les risques ou opportunités potentiels. Un planificateur stratégique doit être capable de prendre du recul et d'avoir une « vue d'ensemble ». Il doitt être apte à analyser divers scénarios et à prendre des décisions en fonction du meilleur résultat possible. Il doit également être capable de se fixer des objectifs réalistes et de les décomposer en tâches plus petites afin de progresser. Les planificateurs stratégiques doivent avoir de grandes compétences en résolution de problèmes et être capables de prendre des décisions rapidement et avec précision afin de suivre un environnement commercial en évolution. Ils doivent également être conscients du milieu concurrentiel et être en mesure de développer des stratégies qui les aideront à garder une longueur d'avance sur leurs concurrents. Enfin, les planificateurs stratégiques doivent être en mesure de communiquer efficacement avec les autres membres de l'équipe, afin que tout le monde converge vers le même objectif.

8. Délégué efficace

La délégation est une compétence essentielle pour tout leader. Être en mesure de déléguer des tâches et des responsabilités aux bonnes personnes garantit que les tâches importantes sont accomplies en temps opportun et de manière efficiente. Une délégation efficace implique de comprendre les forces et les faiblesses de votre équipe, ainsi que d'avoir un plan d'action clair afin d'attribuer les tâches de manière appropriée. Les dirigeants doivent également comprendre l'importance de responsabiliser les autres. Lorsque vous déléguez des tâches, assurez-vous que chaque individu s'approprie le projet et qu'il dispose de suffisamment de ressources et de soutien pour réussir. Lorsque les individus ont la possibilité de s'approprier leur travail, ils sont plus susceptibles d'être fiers de leurs réalisations et de devenir de meilleurs joueurs dans léquipe.

Enfin, il est important que les dirigeants reconnaissent quand la délégation n'est pas appropriée. Parfois, il peut être préférable d'accomplir une tâche par vous-même ou d'assumer un rôle que vous connaissez bien afin d'assurer les meilleurs résultats. Cela est particulièrement vrai si la tâche nécessite un niveau particulier d'expertise ou est hautement prioritaire. La délégation est une compétence fondamentale pour tout leader et elle nécessite une réflexion profonde. Assurez-vous de déléguer des tâches aux bonnes personnes, de leur fournir suffisamment de ressources et de leur donner un sentiment d'appropriation du projet afin de vous préparer, vous et votre équipe, au succès.

9. Charisme et confiance:

La confiance en soi conduit à l'auto-motivation.

Le leadership est un sujet complexe et pour réussir dans n'importe quel rôle de leader, il faut avoir unensemble de qualités. L'un des traits les plus importants des leaders qui réussissent est le charisme. Etre charismatique signifie avoir la capacité d'influencer, d'attirer et de motiver les autres. Le charisme vient de l'intérieur et non de sources extérieures. Les dirigeants doivent être confiants et sûrs d'eux-mêmes dans leur capacité à diriger afin d'inspirer les autres à les suivre. La confiance est quelque chose qui vient de l'intérieur et qui contribue au succès.

Lorsque vous avez confiance en vos propres capacités, cela vous donne le pouvoir d'agir. La confiance en soi vous donnera le courage de prendre des décisions même lorsqu'il y a des risques et peut vous aider à défendre ce en quoi vous croyez. Elle vous permet également d'être créatif et de sortir des sentiers battus pour trouver de nouvelles solutions et idées. La confiance en soi conduit à l'auto-motivation, qui est un élément essentiel pour les dirigeants. Croire en vous vous motivera à agir et à atteindre vos objectifs. Lorsque vous êtes motivé, vous êtes plus susceptible de rester concentré et déterminé à atteindre vos objectifs. De plus, la motivation est contagieuse, la vôtre aidera votre entourage à être également plus motivé.

Avoir confiance en soi en tant que leader est essentiel pour inspirer ceux qui vous entourent. Non seulement cela vous donnera la motivation pour réaliser de grandes choses, mais cela créera également une atmosphère de confiance, de respect et de loyauté parmi ceux qui vous suivent. Donc, si vous voulez être un bon leader, commencez par développer votre propre confiance en vous et utilisez-la comme un moyen pour motiver votre entourage.

10. Pensée positive

Être un leader est un travail difficile .Il peut être facile de se décourager. Lorsque des défis surviennent, il est important que les dirigeants restent positifs et réfléchissent à des solutions au problème. Un leader doit être capable de relever les défis avec lucidité et de proposer des solutions qui aideront son équipe à réussir. Les dirigeants doivent également reconnaître quand il est temps de faire une pause et de se recentrer afin de rester positifs. Cela peut se faire en parlant à quelqu'un d'autre dans l'organisation ou en s'engageant dans des activités qui favorisent la créativité. En fin de compte, être un penseur positif est essentiel pour tout leader qui traverse des moments difficiles. Cela les gardera motivés et concentrés sur la tâche à accomplir, ce qui peut également aider à remonter la motivation de leur équipe.

11. Communication efficace

Être un bon communicateur est un élément essentiel pour être un bon leader. Un leader doit être capable de transmettre efficacement son message et sa vision à son équipe, tout en prenant le temps d'écouter les pensées et les idées de tous. Un leader doit être en mesure de présenter son point de vue de manière concise et claire, afin de s'assurer que tous les membres de son équipe soient sur la même longueur d'onde. Un leader doit également posséder des compétences de communication verbale et non verbale efficaces. Les compétences en communication verbale impliquent de parler avec clarté et précision, ainsi que de posséder de solides compétences en écriture. Les compétences en communication non verbale comprennent la capacité de lire le langage corporel, d'établir un contact visuel et de faire preuve d'empathie. Avoir des compétences en communication verbale et non verbale est important pour un leader afin d'être efficace dans la transmission de son message. En plus d'être apte à communiquer efficacement, un leader doit être capable d'écouter activement, comme indiqué au point précédent. Il doit être capable de poser des questions pour mieux comprendre une situation ou une idée, ainsi que de donner des commentaires afin de faire avancer la conversation. Être un auditeur actif est important pour un leader afin qu'il puisse mieux comprendre les personnes qu'il dirige et savoir comment les soutenir dans leur réussite. Dans l'ensemble, avoir de solides compétences en communication est essentiel pour un leadership réussi et peut garantir que leur équipe reste concentrée et motivée pour réussir.

12. Passion

Le leadership passionné est l'une des qualités les plus importantes d'un leader. Un leader passionné aura un enthousiasme et un optimisme contagieux qui encourageront ceux qui l'entourent à suivre son exemple. Les leaders passionnés ont une vision claire de l'avenir et un engagement indéfectible à atteindre leurs objectifs, peu importe les obstacles sur leur chemin. Les leaders passionnés sont implacables dans leur poursuite du succès et ne laissent rien se mettre au travers de leur chemin. Ils sont motivés par un sens aigu du but et ont la conviction profonde que leurs efforts porteront leurs fruits. En fin de compte, un leadership passionné inspire les autres à partager l'enthousiasme du leader, ce qui se traduit par une vision et un engagement partagé qui peuvent aider toute organisation à atteindre ses objectifs.

13. Axé sur les solutions

A la tête d'une équipe, il est essentiel que tout dirigeant soit orienté vers les solutions. En tant que leader, on s'attend à ce que vous ayiez des réponses et que vous donniez des conseils. Face à un problème ou à un défi, les leaders les plus efficaces ont la capacité de réfléchir rapidement et trouver une solution. Cela implique d'être capable d'analyser le problème et de proposer une stratégie pour le résoudre. Il est important pour un leader de rester calme dans des situations stressantes et d'être capable de penser de manière analytique tout en évaluant les sentiments des membres de son équipe.

Un bon leader doit être capable de se mettre à la place de son équipe et de créer un environnement confortable lui permettant de proposer des solutions créatives qui répondent aux besoins de toute l'équipe. Avoir un état d'esprit axé sur les solutions est essentiel pour tout leader qui veut réussir. Les dirigeants doivent constamment évaluer les situations, reconnaître ce qui doit être fait, puis travailler avec leur équipe pour trouver la meilleure façon d'aller de l'avant. Grâce à cette approche, les dirigeants peuvent s'assurer qu'ils obtiennent les meilleurs résultats lorsqu'ils tentent de résoudre un problème.

14. Priorisation des travaux

Prioriser le travail est l'un des traits clés des leaders qui réussissent. Un leader doit être capable de hiérarchiser les tâches et de déléguer si nécessaire afin d'atteindre ses objectifs. Être capable de comprendre la situation dans son ensemble, d'anticiper les problèmes et de créer des solutions est essentiel pour les leaders à succès.

Il est important de pouvoir identifier les tâches les plus importantes et lesquelles peuvent attendre. Cela permet une gestion optimale des ressources et du temps, garantissant que les projets soient achevés en temps opportun et que les délais sont respectés.

Prioriser le travail nécessite également de solides compétences en communication afin d'expliquer la priorité de certaines tâches par rapport à d'autres.

Les dirigeants doivent être en mesure d'expliquer leur raisonnement et de s'assurer que tous les membres de leur équipe sont clairs sur ce qui doit être fait en premier. Sans priorisation, les projets peuvent facilement se désorganiser, entraînant des retards et des opportunités manquées. Par conséquent, il est important que chaque dirigeant développe ses compétences en matière de priorisation du travail.

15. Gestion des difficultés et des échecs

Être un leader signifie avoir la capacité de faire face à tout type de complication qui survient. Qu'il s'agisse d'un problème avec l'un de vos employés, d'un défi commercial ou d'un écart de la part d'un client, un leader doit être en mesure de s'y attaquer avec sagesse et tact. Ils doivent également être capables de reconnaître quand quelque chose est hors de leur contrôle et de trouver des moyens de s'en occuper rapidement et efficacement. Les dirigeants doivent également être prêts à échouer et ne pas laisser l'échec entraver leur progression. En apprenant de leurs erreurs, ils peuvent s'appuyer sur ce qui a fonctionné et éviter de refaire les mêmes fautes. Cela montre qu'ils sont ouverts à l'amélioration et qu'ils sont prêts à prendre des risques pour réussir. Savoir gérer les difficultés et les échecs est l'une des clés du succès de tout leader.

16. Résolution des conflits

Les dirigeants rencontreront des conflits assez souvent. Ils doivent posséder la capacité de les résoudre de manière professionnelle et rapide. Cela peut être particulièrement difficile pour les personnes en position d'autorité qui doivent souvent faire face à des désaccords entre collègues ou employés. La résolution des conflits implique une écoute active des deux parties, l'identification de la cause profonde du conflit, puis la recherche d'une solution acceptable pour les deux parties. Un leader à succès sera apte à gérer rapidement les conflits, de communiquer ouvertement ses décisions et de motiver les autres à aller de l'avant. Il saura également quand demander l'aide d'un médiateur ou d'un expert extérieur si nécessaire. Jouer un rôle actif dans la résolution des conflits est essentiel pour un leader efficace qui souhaite maintenir l'ordre et la cohésion sur le lieu de travail.

17. Gestion du stress

La gestion du stress est une qualité essentielle de tout leader à succès. Les dirigeants doivent être capables de reconnaître leur propre niveau de stress et d'être proactifs dans la recherche de solutions pour y faire face. Les bons leaders comprennent l'importance de prendre soin de soi et prennent le temps de se détendre et de pratiquer des activités qui les aident à réduire le stress. Ils créent également une culture où le stress est accepté comme faisant partie du travail, mais ne devient pas un obstacle majeur. Les dirigeants peuvent gérer leur propre stress en se fixant des objectifs et des attentes réalistes, en se reposant suffisamment, en mangeant sainement, en faisant de l'activité physique et en prenant des pauses tout au long de la journée. Ils doivent être conscients de leurs émotions et de la façon dont ils réagissent à certaines situations, ainsi que développer des moyens de faire face à l'anxiété et au stress. Les dirigeants doivent également encourager les membres de leur équipe à gérer leur niveau de stress en fournissant des ressources et du soutien en cas de besoin.

18. Apprenant constant

La capacité d'apprendre et d'évoluercontinuellement est essentielle pour tout leader qui réussit. Dans un monde en constante évolution, les leaders à succès doivent rester ouverts aux nouvelles idées, approches et solutions. En tant que leader, il est important de rechercher des opportunités d'apprentissage, de suivre les tendances de l'industrie et de rester informé des dernières innovations dans votre domaine. Investir en vous-même et en vos compétences vous aidera à garder une longueur d'avance sur la concurrence et à vous assurer que vous êtes en mesure de relever tous les défis qui se présentent à vous. Lorsque vous vous engagez à apprendre constamment, vous devenez plus confiant et capable en tant que leader, ce qui vous permet de mieux servir votre équipe et votre organisation. Être un leader, c'est plus que s'assurer que le travail soit fait et savoir comment le faire ; il s'agit également de se tenir au courant des nouvelles tendances, technologies et stratégies qui peuvent améliorer votre équipe.

Si vous voulez être un leader efficace, vous devez vous développer continuellement en apprenant de nouvelles choses, en les appliquant au travail et en les partageant avec votre équipe. Ce n'est pas une partie unique du développement des compétences qui rend quelqu'un excellent dans son travail, c'est tout un ensemble. Qu'il s'agisse de parler en public ou de devenir un expert dans un nouveau logiciel ou une stratégie commerciale ; restez au fait des choses et utilisez chaque nouvelle chose que vous apprenez comme une opportunité de croissance.

19. Orienté vers les objectifs

En matière de leadership, il est important d'avoir un objectif final en tête. Pour réussir, les dirigeants doivent avoir une vision et la capacité de formuler et de mettre en œuvre un plan pour atteindre cette vision. Un leader doit avoir une idée de la direction que doit prendre l'équipe, puis fixer des objectifs à court terme qui aideront à atteindre cet objectif à long terme. Les dirigeants doivent s'assurer que tous les membres de l'équipe connaissent l'objectif et doivent donc les motiver et les guider vers sa réalisation. Avoir un état d'esprit axé sur les objectifs permet à un leader de hiérarchiser les tâches, de reconnaître et de capitaliser sur les opportunités dans l'optique de se concentrer sur le résultat final. Les objectifs structurent le travail, ce qui permet aux dirigeants de prendre plus facilement des décisions et de suivre les progrès. De plus, avoir des objectifs aide à garder les équipes sur la bonne voie, leur donner une cible à atteindre et leur permettre de mesurer leur succès.

20. Solutionneur de problèmes

L'une des qualités les plus importantes d'un leader qui réussit est d'être apte à résoudre des problèmes. Les bons leaders ont la capacité de sortir des sentiers battus, d'identifier et d'analyser des problèmes, de développer des solutions créatives et d'agir. Pour réussir, les dirigeants doivent être capables de trouver des solutions à des problèmes complexes. Ils doivent comprendre comment naviguer dans des situations difficiles, créer des stratégies et analyser des données et des faits pour prendre des décisions éclairées. Les dirigeants doivent également être prêts à prendre des risques, tout en s'assurant qu'ils peuvent minimiser les pertes potentielles. De plus, ils doivent toujours être prêts à modifier leurs solutions si nécessaire et à s'adapter rapidement aux conditions changeantes. En ayant un état d'esprit de résolveur de problèmes, les leaders qui réussissent seront capables de gérer tout obstacle qui se présentera à eux.

21. L'influence

Pour réussir dans un rôle de leadership, il est essentiel de pouvoir influencer ceux qui vous entourent. L'influence est la capacité de motiver et d'inciter les gens à agir selon vos idées et votre vision. Elle peut également provenir de l'intérieur d'une organisation.Il est important que les dirigeants puissent utiliser leur influence pour rallier les équipes et établir des relations qui soutiennent les objectifs. Pour démontrer votre influence, essayez de raconter des histoires, de partager des expériences et d'établir des liens entre les personnes, les idées et les ressources. Les dirigeants doivent toujours se rappeler de rester humbles, tout en défendant leurs causes avec confiance et en s'engageant activement au côté des autres. Avec un peu de pratique, les dirigeants peuvent perfectionner leurs compétences d'influence pour favoriser le succès au sein de leurs organisations.

22. Collaboration

La collaboration est une qualité importante que tout bon dirigeant devrait posséder pour réussir. Les dirigeants doivent être capables de reconnaître l'importance de travailler ensemble pour atteindre un objectif commun. Une collaboration efficace nécessite d'excellentes compétences en communication et en relations interpersonnelles, ainsi qu'une capacité à trouver un terrain d'entente et à respecter les opinions différentes. Les dirigeants doivent être aptes à écouter et à comprendre les points de vue des autres et surtout à établir des relations basées sur la confiance mutuelle.

Un leader capable de favoriser la collaboration au sein de son équipe sera en mesure de prendre de meilleures décisions, de travailler plus rapidement et plus efficacement et de créer un environnement de communication ouverte et de confiance.

Il est essentiel que les dirigeants soient ouverts aux commentaires des autres membres de leur équipe et trouvent des moyens d'intégrer efficacement leurs idées dans le plan global. En adoptant une approche de collaboration, les dirigeants peuvent tirer parti de la sagesse et de l'expérience collectives de leurs équipes pour atteindre leurs objectifs.

23. Altruisme

Lorsque vous dirigez une équipe, il est important de se rappeler que le bien-être de l'équipe doit toujours passer en premier. Cette qualité d'altruisme est essentielle pour que tout leader réussisse. Les leaders désintéressés comprennent que leur succès est directement lié au succès de leur équipe. Cela signifie qu'ils doivent mettre de côté leurs propres intérêts afin de mieux répondre aux besoins de l'équipe et de s'assurer que leur équipe a tout le nécessaire pour réussir. Ils doivent également comprendre qu'il y aura des moments où leurs propres intérêts devront passer au second plan afin de favoriser ceux de l'équipe. Les leaders désintéressés s'efforcent de créer un environnement où chacun se sent apprécié et valorisé, et où les membres de l'équipe sont encouragés à travailler ensemble vers un objectif commun.

24. Fidélité

Être loyal est l'une des qualités les plus importantes d'un leader à succès. Un leader doit faire preuve de loyauté envers son équipe en étant dévoué et fidèle à sa cause et à ceux qu'il dirige. Les dirigeants doivent toujours rester fidèles à leur vision et à leurs valeurs fondamentales, quelles que soient les circonstances. Un leader doit également s'efforcer de créer une atmosphère de loyauté au sein de son équipe, en les encourageant à travailler ensemble vers un objectif commun. Lorsqu'un leader est fidèle à son équipe et à sa mission, on constate des résultats positifs qui profitent à toute l'organisation. En étant un leader loyal, vous gagnerez le respect de votre équipe et l'inspirerez à rester engagée et à travailler dur pour réussir.

25. Fiabilité

La fiabilité est une qualité clé de tout leader qui réussit. Les dirigeants doivent être fiables et dignes de confiance, et démontrer qu'on peut compter sur eux pour tenir leurs promesses et leurs engagements. Un leader fiable se présente à l'heure, prend des initiatives et assume la responsabilité de ses actions. Il est confiant et cohérent dans ses prises de décision, et on peut compter sur lui pour faire ce qu'il dit qu'il fera. Lorsqu'un leader est fiable, ses partisans lui font confiance et ont confiance en ses prises de décisions et ses actions. Les leaders fiables prennent également soin des membres de leur équipe et s'assurent que les tâches sont accomplies à temps. Les leaders comprennent l'importance de la responsabilité et s'efforcent de s'assurer que tous les membres de leur équipe soient tenus responsables de leurs actions. La fiabilité est une qualité essentielle de tout leader à succès. Les leaders qui font preuve de fiabilité établissent des relations solides et favorisent la confiance entre les membres de leur équipe. En conséquence, leurs équipes sont plus performantes et elles sont plus susceptibles de réussir dans leurs efforts.

26. Penseur innovant

Les dirigeants doivent être capables de sortir des sentiers battus afin de garder une longueur d'avance sur la concurrence. Un penseur innovant est quelqu'un qui peut prendre des idées et des concepts existants et développer de nouvelles façons de les appliquer. Ils peuvent également reconnaître les opportunités d'innovation et agir en conséquence. Les penseurs innovants recherchent constamment des moyens d'améliorer les processus et de créer des solutions plus efficaces. Ils sont capables de trouver des solutions créatives aux problèmes et de proposer des idées originales qui pourraient profiter à l'organisation. Les leaders doivent être capables de prendre des risques et d'accepter le changement afin de rester compétitifs. Être un penseur innovant est donc une caractéristique essentielle pour un leader à succès.

27. Approche responsabilisante

En tant que leader, vous devez aider votre équipe à réussir en la responsabilisant. Prenez le temps de votre journée pour aider à leur enseigner les compétences dont ils ont besoin, offrez des commentaires constructifs et félicitez-les lorsqu'ils réalisent une prouesse. Gardez un œil sur les façons dont ils peuvent réussir. Faire ces choses améliorera non seulement leur capacité à mieux faire leur travail, mais leur donnera également confiance en eux. Avec vos conseils et votre soutien, les membres de votre équipe sont plus susceptibles de vouloir travailler avec vous parce qu'ils se sentent soutenus au lieu d'être intimidés.

CHAPITRE 7

Confiance vs attitude

La psychologie du leadership est un sujet important pour comprendre le pouvoir du leadership et comment être un bon leader. L'un des éléments clés du leadership est d'avoir la confiance nécessaire pour prendre des décisions et diriger une équipe. Il est essentiel pour un leader de comprendre la différence entre avoir confiance et avoir une attitude arrogante. La confiance est une qualité qui vient du fait de croire en soi et en ses capacités. Cela vous donne le courage de prendre des risques et de prendre des décisions sans crainte d'échouer. Lorsque vous avez confiance en vous, vous faites confiance à vos propres jugements et avez ccroyez en vos capacités. Un leader confiant est celui qui se présente avec une attitude positive et qui est ouvert à l'apprentissage et à la croissance. L'arrogance, en revanche, est le contraire de la confiance. C'est lorsqu'il pense qu'il en sait plus que tout le monde et n'a donc pas besoin de conseils ou d'aide des autres. Les dirigeants arrogants n'écoutent pas les autres et agissent souvent comme s'ils étaient infaillibles. Ils ne sont pas efficaces car ne permettent pas aux autres de contribuer à l'avancement de l'équipe. La confiance est essentielle pour un leader qui réussit. Il est important de se rappeler que confiance ne signifie pas arrogance. Un leader doit être ouvert aux critiques, aux conseils et aux commentaires des autres. Les leaders confiants sont prêts à admettre leurs erreurs et à en tirer des leçons, tandis que les leaders arrogants ont tendance à être sur la défensive face aux critiques. En tant que leader, il est important de se rappeler que la confiance est la clé, mais l'arrogance ne fera qu'entraver votre succès.

Il est essentiel de garder à l'esprit qu'être un leader implique de développer des relations avec vos suiveurs et d'encourager la collaboration. Pour le faire efficacement, les dirigeants doivent favoriser un environnement où règnent le respect et la confiance mutuels entre ceux qu'ils dirigent. De cette façon, les subalternes se sentent habilités à exprimer leurs opinions et à proposer des solutions plutôt que de se sentir intimidés par des figures d'autorité. De plus, les dirigeants doivent s'assurer que la communication est claire et cohérente afin que les suiveurs puissent clairement comprendre les attentes et les objectifs. Enfin, les dirigeants doivent reconnaître les forces et les faiblesses de chaque individu afin d'encourager la croissance et le développement de leurs partisans. En gardant ces principes à l'esprit, les dirigeants peuvent créer un environnement positif et propice pour le succès.

CHAPITRE 8

Cessez de rêver, agissez et trouvez un

mentor

Nous avons tous des ambitions de succès et de grandeur, mais trop souvent, ils ne sont que des rêves. Pour atteindre notre plein potentiel, nous devons devenir des preneurs d'action, pas des rêveurs. Un leader doit reconnaître ses propres capacités et comprendre comment tirer parti des forces de son équipe. Il est important de se rappeler qu'être un preneur d'action ne signifie pas se précipiter tête baissée dans chaque opportunité ou tâche. Il s'agit plutôt d'avoir le courage et la confiance nécessaires pour examiner attentivement chaque étape, prendre des décisions éclairées et agir en toute confiance. En tant que leader, vous devrez peser soigneusement le pour et le contre de chaque décision et être prêt à prendre des risques mesurés.

De plus, en tant que leader, vous devez être aptes à expliquer votre vision et votre direction pour l'équipe, et un mentor peut être une excellente source de soutien dans ce domaine. En ayant quelqu'un qui a été à votre place, vous pourrez mieux comprendre ce qu'il faut pour réussir. Avec le bon mentor à vos côtés, vous pouvez apprendre la psychologie des leaders et devenir un preneur d'action capable d'inspirer la grandeur en vous-même et chez les autres. Cela signifie que trouver un mentor qui peut vous donner les conseils et le soutien nécessaires pour passer à l'action et faire de ces rêves une réalité n'est pas négligeable. Un mentor vous offrira des informations et des conseils précieux pour vous aider à rester sur la bonne voie. Ils peuvent fournir une perspective extérieure et servir de caisse de résonance pour les décisions difficiles. De plus, avoir un mentor peut vous aider à rester motivé et concentré sur vos objectifs.

CHAPITRE 9

Conclusion

Tout d'abord, commencez par développer l'état d'esprit de vos dirigeants ; l'attitude est tout quand il s'agit de devenir un bon leader. Croyez en vous et rappelez-vous que quels que soient les défis qui se présentent, ils peuvent tous être surmontés. De plus, concentrez-vous sur la culture des "27 qualités de leadership" décrites dans ce livre en pensant comme un lion, sans peur, en étant déterminé et courageux, quels que soient les obstacles qui se présentent en cours de route. Comprendre la psychologie du leadership est une stratégie puissante qui peut vous aider à devenir un bon leader. Les leaders les plus performants comprennent les aspects psychologiques du leadership et savent comment les utiliser à leur avantage. Ils ont un sens aigu de la conscience de soi, possèdent de fortes qualités personnelles et s'engagent à inspirer les autres. Pour devenir un bon leader, il est important d'assumer des responsabilités supplémentaires et de montrer l'exemple. Ne perdez pas espoir lorsque les choses deviennent difficiles et soyez patient dans les moments difficiles. Enfin, gardez confiance en vous et en la capacité de votre équipe à réaliser de grandes choses. Avec le bon état d'esprit, vous pouvez devenir un leader efficace et avoir un impact positif. Cela peut sembler impossible au début, mais croyez-moi, si vous vous concentrez sur le développement de ces traits, vous deviendrez bientôt un très grand leader.

Crédits

Lors de la préparation de ce livre, certaines références d'informations spécifiques ont été tirées de différents sites Web et moteurs de recherche (comme indiqué ci-dessous) tels que: Google Search, Yahoo Search et Wikipedia ; cette information a été recueillie uniquement pour clarifier le concept de base sur ce sujet pour mes lecteurs.

https://www.google.com

https://us.search.yahoo.com

https://en.wikipedia.org

https://www.pinterest.com

https://HowStuffWorks.com

Remerciements et retour d'expérience

Merci d'avoir lu ce livre et de l'avoir suivi jusqu'au bout. J'espère que vous l'avez appréciéet qu'il vous a donné une expérience d'apprentissage approfondie sur la psychologie du leadership. Pour de meilleurs résultats, nous vous conseillons fortement de commencer par acquérir et pratiquer les qualités de leadership qui correspondent à votre personnalité, puis de passer à l'apprentissage d'autres qualités de leadership ; après tout, c'est vous qui dirigerez une personne ou une équipe, alors qui d'autre est mieux placé que vous pour choisir la bonne qualité de leadership ? J'espère que vous vivrez une vie agréable remplie de joie et d'excitation et que vous pourrez créer un environnement de travail positif, productif et fructueux pour que votre équipe produise d'excellents résultats. Si vous avez aimé mon livre, je vous serais très reconnaissant de prendre un moment pour laisser un commentaire. Merci d'avoir ménagé votre temps à l'avance!

Chaleureuses salutations,
SavyMan

***